これで安心
「もしも」に備える
整理ノート

この「整理ノート」は、「もしも」のときに備えて、
今の私の意思や関わる情報などについて記したものです。

記入開始日	年　　　月　　　日
署名	

※このノートには大切な個人情報が記されています。取り扱いに注意して保管しましょう。

このノートについて

整理ノートを書くにあたっては、記憶だけにたよるのではなく、さまざまな資料も準備したうえで、正しい情報を記すことを心がけましょう。情報に変更が出ることがあれば、その都度、書き直すとよいでしょう。

準備するとよいもの

該当のテーマについて書くうえで、手元にあるとより具体的に書くことができるようなものをピックアップしています。

ポイント

テーマの内容を書くうえでのポイントを記しています。

空欄

自分の情報を書き込む欄。簡潔かつ正確に書くことが大事です。該当するテーマで、この欄にはない情報やさらに補足したい情報については、備考欄などに記しておくようにします。万年筆やボールペンなどで書き込み、あとから情報を更新しても問題ありません。

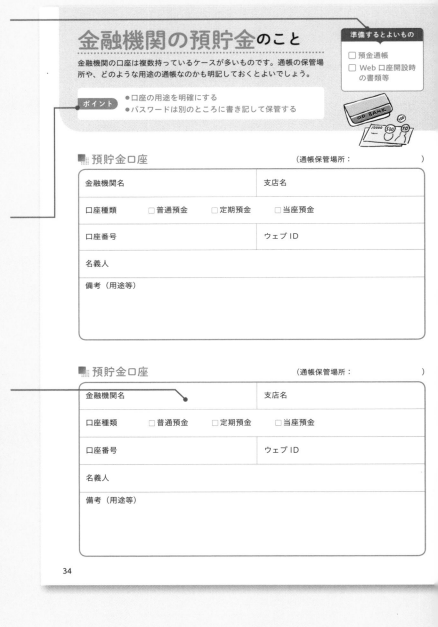

金融機関の預貯金のこと

金融機関の口座は複数持っているケースが多いものです。通帳の保管場所や、どのような用途の通帳なのかも明記しておくとよいでしょう。

ポイント
●口座の用途を明確にする
●パスワードは別のところに書き記して保管する

準備するとよいもの
☐ 預金通帳
☐ Web 口座開設時の書類等

▥ 預貯金口座　　　　　　　　　　　（通帳保管場所：　　　　　　）

金融機関名			支店名	
口座種類	☐ 普通預金	☐ 定期預金	☐ 当座預金	
口座番号			ウェブ ID	
名義人				
備考（用途等）				

▥ 預貯金口座　　　　　　　　　　　（通帳保管場所：　　　　　　）

金融機関名			支店名	
口座種類	☐ 普通預金	☐ 定期預金	☐ 当座預金	
口座番号			ウェブ ID	
名義人				
備考（用途等）				

備考欄

空欄が設けられていないけれども、書き留めておきたい該当のテーマに関する内容を、ここに記しておきます。

● 「自分・親族・知人のこと」「お金や資産のこと」「もしものときのこと」という整理ノートの大きなテーマになる第1章から第3章、整理ノートを書くうえで知っておきたい予備知識をまとめた第4章で本書は構成されています。

記入日　　年　　月　　日

■ 預貯金口座

（通帳保管場所：　　　　　　）

金融機関名			支店名	
口座種類	□普通預金	□定期預金	□当座預金	
口座番号			ウェブID	
名義人				
備考（用途等）				

■ 預貯金口座

（通帳保管場所：　　　　　　）

金融機関名			支店名	
口座種類	□普通預金	□定期預金	□当座預金	
口座番号			ウェブID	
名義人				
備考（用途等）				

┤アドバイス├

未使用口座等について

相続時の金融機関の口座の残高の移行には、金融機関の規定の書類に加えて、遺産分割協議書や戸籍謄本をそれぞれの口座に対して用意する必要があるなど、とても煩雑なものになります。もしものときの家族の事務処理を減らすためにも、日常的に使用している金融口座に絞り込み、未使用もしくは使用頻度の低い口座は解約をしておくとよいでしょう。

1 自分・親族・知人のことを書く

2 お金や資産のことを書く

3 「もしも」のときのことを書く

4 整理ノートを書く際の予備知識

記入日

該当テーマを記入した日付を記します。情報を更新した場合は、この日付も変えておくようにします。

アドバイス

テーマに関連する情報を掲載しています。目を通しておくとよいでしょう。

35

※このノートには法的効力はありません。法的効力を必要とする事柄は、専門家に相談のうえ、遺言書を別に作成するなどしておきましょう。

＜ 整理ノートの活用法 ＞

1 整理ノートを記入する

- 整理ノートに記入するにあたり、必要な書類等は事前に用意しておきます。
- 一気に記入しようとしなくても大丈夫です。記入しやすいテーマから書いていき、最終的な完成を目指しましょう。
- 手許にはメモ帳なども準備して、整理ノートに記せないキャッシュカードのパスワードなどを書き留めるようにします。
- 欄内だけでは書ききれなさそうなブロックは、あらかじめそのページをコピーしておき、本書に貼り付けたりして一緒に保存するとよいでしょう。

2 完成した整理ノートを読み返す

- 整理ノートの作成は、自分で記入した情報を客観的に見直すことも大事な目的の一つです。完成したら、まずは目を通してみましょう。自分について新たな発見があるはずです。

3 整理ノートを保管する

- 整理ノートは、家族や第三者には見られないように保管します。ただし、もしものときには、家族らにとって重要な情報となりますので、整理ノートがあることは大切な人などに伝えておきます。

4 整理ノートを更新

- 時間が経ったら定期的に読み返し、情報を新しくする必要があるブロックは更新します。万年筆などで書いたものを二重線などで消して、新しい情報を追加すれば大丈夫です。

5 整理ノートを役立てる

- 整理ノートは、自分にとっての備忘録や人生設計を立てるうえでの指針にも活用できます。もちろん、事故や病気の際など、家族らがさまざまな判断をしなければならない局面で、有効に活用してもらうための情報になります。

目　次

第1章　自分・親族・知人のことを書く

第2章　お金や資産のことを書く

第3章　「もしも」のときのことを書く

第4章　整理ノートを書く際の予備知識

「自分・親族・知人のこと」を書くには

自分の基本的な情報を、「もしも」のときに役立ててもらうことを意識して記載します。重要書類の保存場所などの個人的な情報はもとより、知人の情報など家族であっても完全に把握していないケースもあります。わかる範囲で家族が把握できるように書いておきましょう。

◆緊急時の備忘録として記録を残す

　整理ノートの目的は2つあります。1つは自分に関する情報を書き留めることによって、頭や心が整理され、文字情報として再確認することで自分の存在を改めて客観的に見直すことができるという効果です。

　忙しく毎日を駆け抜けている人たちにとって、自分をゆっくり振り返るという機会はなかなか少ないものです。文字にして一生を振り返る方法として、自分史のようなものを書くことも考えられますが、1冊の本にまとめるという作業はかなりの労力と時間を要します。その点、書き込み式の「整理ノート」であれば、**比較的短期間に、また書くべき要素もまとまっているので、効率的に自分と対峙することができる**というわけです。

　もう1つは、自分の身に何かが起こった際、**残された家族などが困らずにすむよう、備忘録として書き留めておくという点**です。例えば、配偶者であっても知らないことは多く、特に病歴などの情報については、家族であっても詳細なことは忘れてしまっていたり、わからなかったりするケースもあります。自分で意思表示ができなくなったときの治療の方針を決める際などに、過去の病歴、飲んでいた薬などは重要な情報になるため、しっかりと書いておきます。また、お薬手帳の保管場所を記しておくことも役立ちます。

◆デジタルデータの扱いをどうするか

　整理ノートには、自分の情報を正確に、より多く記載することが基本的な姿勢になります。もちろん、自分が振り返りたくないことは無理に記載することはありません。事実としてその情報を残すことで、自分にとっても家族等にとってもメリットがある事柄を記せばよいのです。書き込む欄をすべて埋める必要もありませんし、自分なりに必要

だと思うことを書き記すことができれば十分でしょう。

　大事なのは、**重要な事項が書いていないことで、家族に迷惑がかかってしまうようなケース**です。このことを前提として、知らせておくべきこと、家族であっても伝えたくないことを整理していきます。難しいのはデジタルデータ等についてです。スマートフォンやパソコンの中のメールのやりとりや閲覧記録、その他データなどが、自分にしか価値がないものであれば本体を起動させるためのパスワードは整理ノートに記さなくてもよいでしょう。

　ただし、SNSで発信をしていた人などは、急にそれらの更新ができなくなった際にどうすべきかという問題も生じてきます。SNSだけの人間関係というものも存在しますので、**自分でできなくなったときの対応も考慮し、家族にネット上の関係者に状況を周知してもらえるような方法もまとめておくとよいでしょう。**

◆ 忘れていた情報をよみがえらせる

　親族や友人、知人は、何かあったときに知らせる必要がある人かどうかが、ノートに記載するかどうかの線引きになってくるでしょう。家族といえども、すべての交友関係等を完全に把握しているとは限りませんので、最低限、名前と連絡先、関係性は記入しておきます。

　「整理ノート」を記入していく段階で、もともと知らなかったり、忘れてしまった情報が出てくるかもしれません。そんなときには情報を得るために、旧友に連絡したり、会いに行ったりしてみてもよいかもしれません。旧交を温める、よいきっかけになることでしょう。

　また、学生時代などの思い出のある場所に実際に足を運ぶなど、**頭の中だけの記憶だけでなく、行動して情報を自分の中によみがえらせれば、より有意義な自分だけの記録になる**はずです。

整理ノートを書くうえでの注意点

「整理ノート」を書く際は、次の点を特に注意する必要があります。

資料を準備して正確に書く　　　重要な事柄の記入漏れを避ける

「お金や資産のこと」を書くには

「お金や資産のこと」を記す目的は、仮に自分がいなくても何がどれだけあるのかがわかるようにしておくことです。なにより、自分がいなくなっても家族が困らないようにすることを意識して記していきます。

◆ 相続放棄ができるのは 3 か月まで

お金や資産について、整理ノートに記しておくと、後で役立ってくれる可能性があります。

預貯金などの資産についてはもちろんですが、大事なのは負の遺産、すなわち借金がある場合にしっかりと書き記しておくことです。借金をしていたことを家族には知られたくないという思いが、結果として残された家族に迷惑をかけてしまうことは避けなければなりません。

借金の額面にもよりますが、**大きな額で資産を上回るようであれば、家族は相続放棄という選択**も考えられます。ただし、相続放棄ができるのは相続開始後 3 か月までと、期限が決まっています。実際に、莫大な借金を遺族が大変な思いをして返済するケースもあるだけに、仮に資産があったとしても負債は必ず明記しておきましょう。

◆ 預貯金をしている金融機関名と口座番号を書き出す

資産の代表は預金です。複数の口座を持っている人は、全ての残高等をしっかりチェックして、存在をはっきりさせておきます。相続のことも考慮して、使わない口座は解約したり、ある程度まとめておくほうがよいでしょう。

整理ノートに預金を書き記す際は、通帳とカードについて、その場所を明記しておくとよいでしょう。ただ、盗難等に備えて、印鑑は別に保管しておくようにします。**注意したいのはキャッシュカードのパスワードの管理です。本書ノートに記しておくのはさまざまなリスクもありますのでやめておくべきです。**

最近はネット上で口座管理をしているケースもあるかと思います。この場合、通帳がないぶん、銀行名およびIDは正確に記しておく必要があります。カードのパスワード同様、ネット口座のパスワードも記載はやめておきましょう。

ちなみに、キャッシュカードやネット口座のパスワードをノートに記載することでのトラブルとしては、例えば本人が認知症になってしまった場合などに、残された家族がつい出来心で前借りしてしまう、などということも考えられます。

◈ 預貯金以外の資産

　預貯金以外では、土地や建物の不動産も大きな資産であるといえます。これらの謄本や権利書等は、わかるようにまとめて管理し、どこにどんな不動産を所有しているか明確にしておきます。不動産の数が多い場合は、登記簿の謄本をとって整理しておくとよいでしょう。**不動産所有にともない毎年発生する固定資産税などについても明らかにしておくべき**です。

　また、有価証券も、わかりづらい資産に分類されます。とくにネット証券など郵送による通知のないものは手がかりがないため、遺族が気が付かない場合もあります。

◈ 相続税が発生しそうな場合

　お金や資産といった財産が相続の際の基礎控除をオーバーするようであれば、相応の対応も考えておきたいものです。基礎控除は、法定相続人（配偶者や子ども等）の数で変わります。**これを超える場合であれば、相続税が発生するということになりますので、その旨も書き記しておくべき**でしょう。

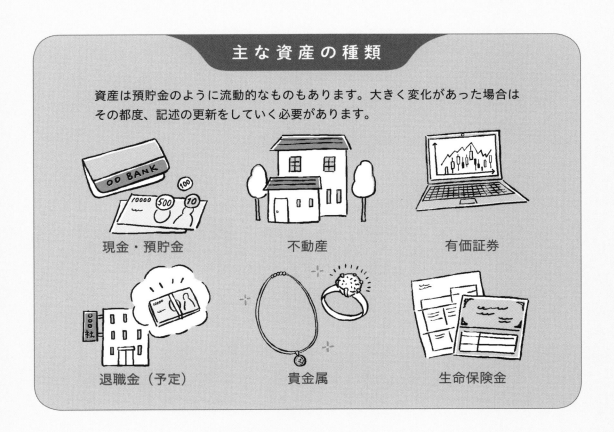

主な資産の種類

資産は預貯金のように流動的なものもあります。大きく変化があった場合はその都度、記述の更新をしていく必要があります。

現金・預貯金　　　　　不動産　　　　　有価証券

退職金（予定）　　　　貴金属　　　　　生命保険金

「もしものときのこと」を書くには

元気なうちからさまざまな悪い事態を想定し、対応を検討しておくことは、年齢に関係なく大切なことです。入院した場合は？　意思表示ができなくなった場合は？　延命治療が必要になった場合は？　これらの際の方針を書き留めておきましょう。

◆ 自分なりの介護・医療の考え方を持つことの大事さ

　誰しもあまり考えたくはありませんが、悪いことは突然前触れなくやってくるものです。気がついたら病室のベッドにいた……、などということも可能性は否定できません。したがって、**自分なりの最低限の介護に関する考え方や治療に対する方針を定めておくべき**でしょう。

　ひと昔前であれば、医師の治療方針が絶対的なものでしたが、近年は患者の考え方などが色濃く治療方針に反映されるようになってきています。例えば日本人の死因のナンバー１であるガンなどは、さまざまな治療の選択肢があり、患者側に判断が求められるシーンも少なくありません。

　自分で意思表示ができない状態で延命治療が必要になるかもしれませんし、日々の看病は誰にしてもらいたいか、入院・治療の費用はどうするかなど、自分と家族に判断が求められる局面はいくつも考えられます。そういった際に、周囲に判断をすべて委ねず、適切に自分の考えを反映させていくためにも、**介護や終末医療に対する最低限の知識を身につけ（70〜73ページ参照）、本書に書き留めておくことは大変意義のある**ことです。

◆ 自宅介護と介護施設への入居のボーダーライン

　例えば、自身に介護が必要になった場合、住み慣れた自宅で介護をしてもらうという選択肢もあります。家族に介護をしてもらいながら、介護保険の適用を受けて、デイサービスなどを受けるというのも方法です。家族の置かれている状況はさまざまです。子育てで手一杯のケースもあれば、別の家族の介護をすでにしているようなケースも考えられます。

　それであれば老人ホームなどの施設に入居して、家族の負担をなくすという考え方を持つ人もいるでしょう。その際、施設にはどのような種類があって、どのようなメリットやデメリットがあるのかを知ったうえで、自分なりの考えを明確にしておかなければなりません。他人と相部屋でも大丈夫なのか、嫌ならばどういった施設に入居したほうがよいのか、多額の入居金が求められる施設なのか、入居金が不要な施設なのか、それ

らもある程度情報を得たうえで、方針を決めておくことが大事です。つまり、**より現実味のある「整理ノート」を書き込むには、本書の第4章でも触れているような介護などの知識も必要になってくる**のです。

◆ 葬儀やお墓のことを書くには

　葬儀やお墓については、自分の家の菩提寺や教会などがあれば、そこの考え方を優先するということも一つの選択肢です。特に、代々継がれているお墓があって、そこに入るケースなどです。自分でお墓を用意する場合であっても、菩提寺の住職などにあらかじめ相談しておかないと、納骨などを断られるといった問題に発展する可能性もあります。これらをふまえてから、お墓をどうするか決断し、整理ノートに記載しておくべきです。

　さまざまな新しい形式の葬儀についても同様です。**生前に自分で決めておきたい場合は、事前に菩提寺の住職等に相談のうえで葬儀形式を決定し、そこから葬儀会社などと話を詰めていくべき**でしょう。

主 な 葬 儀 の 種 類	
一般葬	通夜と本葬の二日にわたって行うような葬儀形式。家族はもちろん喪主の友人や職場の人、近所の人など一般の人にも広く葬儀の案内をする標準的なスタイルです。
一日葬	通夜を省略し、一日で終了する形式。通夜を行わないということ以外は、一般的な葬儀（一般葬）と同じです。体力的・精神的に遺族の負担を軽減できる、費用を抑えられるといったメリットがあります。
家族葬	家族や親族、親しい友人を中心に行われる少人数の葬儀。故人を偲ぶ時間を大切にすることができ、遺族も会葬者の対応に気を遣わずに故人のことだけを想う時間にすることができます。
自由葬（無宗教葬）	住職や牧師、神官などを招かない葬儀。故人に生前気に入っていたドレスやスーツを着せることもあります。演出や祭壇まで自由に取り決めることができるため、費用が抑えられるのも特徴です。読経を行わず、故人が好きだった音楽を流す音楽葬も、この形式の一種です。
直葬（密葬）	通夜や告別式などの儀式を行わず、直接、火葬場に運んで弔う葬式です。
インターネット葬儀	遠距離移動が難しい人など葬儀に参列できない人に向けて、リアルタイムで葬儀をライブ配信する形式です。

◆◆ 「整理ノート」と遺言書の違い

　さまざまな事項を書き留めておく「整理ノート」やエンディングノートと、遺言書は何が違ってくるのでしょうか。根本的には、法的に認められているものか、そうでないかということが一番の違いと言えます。整理ノートに、資産の分配などについて記しておいて、仮に裁判になったとしても**法的な有効性は持ち得ません**。その点、**民法で定められた条件をみたした遺言書であれば、有効性を持つ**ことになります。

　そのため、特に高額な資産を所有する人ならば、相続でのトラブル回避という意味合いでも、遺言書を作成しておくべきでしょう。

◆◆ 遺言書の種類と書き方

　遺言書は、手書きの自筆証書遺言と、公証役場に行って作成する公正証書遺言、内容を秘密にしながら存在を証明する秘密証書遺言の３種類に大きく分けることができます。**自筆証書遺言であれば作成費用がかからないといった点がメリットであり、公正証書遺言であれば遺言書の改ざんや紛失のリスクがないというメリットがあります。**自分ですべて作成するか、専門家と相談しながら作成するかという違いも大きい点です。

　自筆証書遺言書の作成をするのであれば、遺言内容を記した本文は自筆で書き、日付も記入します。財産目録だけはパソコンでの作成が認められており、通帳コピーの添付もできます。また、パソコンでの作成の場合、すべてのページについて署名・押印が必要です。不備があると無効になってしまうため、事前に専門家に相談するのも選択肢の一つです。

遺言書の種類

自筆証書遺言	自分で法的要件のもと作成。遺言内容を実現する、遺言執行を開始するにあたっては、家庭裁判所での検認手続きが必要になります。保管は自宅、もしくは司法書士、弁護士、法務局に預けることもできます（法務局に預けた場合は検認手続き不要）。
公正証書遺言	公正役場の公証人と遺言書を作成。遺言書作成時の立会人である証人も必要になります。遺言書の原本は公証役場に保管され、正本と謄本が本人に交付されます。手数料は財産の額で加算されていきます。
秘密証書遺言	公証人と証人２人以上に遺言書の存在の証明をしてもらう形式。本人以外内容を見ることができないので、遺言内容を秘密にすることができますが、一般的に用いられるケースはまれです。

第 1 章

自分・親族・知人の
ことを書く

「整理ノート」で極めてプライベートな情報が「自分・親族・知人」にあたります。自分のことに加えて、親族や知人の情報も、ここでまとめておきます。たとえば健康状態のことなど、のちのち重要な意味を持つような情報も含まれているため、漏れのないよう正確に書き記しておきましょう。

私のこと

自分に関する基本的な情報についてまとめておきましょう。重要書類等については、番号なども記しておきます。

ポイント ●退職している人は、現在所属している団体や組織があれば記入しておく

■ 基本の情報

^{フリガナ} 氏名	（^{フリガナ}旧姓　　　　　　　　　　　　　　）

生年月日　西暦　　　　　年（明治・大正・昭和・平成　　　年）　　　月　　　日（　　　歳）

十　干	☐甲（きのえ）　☐乙（きのと）　☐丙（ひのえ）　☐丁（ひのと）　☐戊（つちのえ） ☐己（つちのと）　☐庚（かのえ）　☐辛（かのと）　☐壬（みずのえ）　☐癸（みづのと）
十二支	☐子（ね）　☐丑（うし）　☐寅（とら）　☐卯（う）　☐辰（たつ）　☐巳（み） ☐午（うま）　☐未（ひつじ）　☐申（さる）　☐酉（とり）　☐戌（いぬ）　☐亥（い）

出生地	星座
本籍地	（戸籍筆頭者　　　　　　　　　　　）
住所	（住民票コード　　　　　　　　　　　）

電話	携帯電話	FAX

携帯電話メールアドレス	＠
パソコンメールアドレス	＠

勤務先（学校・所属団体）

勤務先（学校・所属団体）・所在地

勤務先（学校・所属団体）・電話

▨ 重要書類

名称	記号・番号	種類・備考	保存場所
健康保険証			
老人保険証		☐ 健康保険 　高齢受給者証 ☐ 後期高齢者 　医療被保険者証	
介護保険証			
運転免許証			
保険証券（個人年金）			
マイナンバーカード （通知カード）			
パスポート			
実印・印鑑登録カード			
その他			

備考（資格や免許など）

━━┥ アドバイス ┝━━

十干と十二支の組み合わせが本来の干支

十干はもともと太陽の巡りを数えるためのもので、甲・乙・丙・丁・戊・己・庚・辛・壬・癸の10の種類があります。昭和元年（1926年）が丙であり、2年が丁、3年が戊……11年がまた丙となります。本来の干支は、十二支と十干を組み合わせた全60種を指します。

私の履歴のこと

履歴書に書くような基本的な自分のヒストリーをまとめます。印象に残った主な思い出なども記しておくとよいでしょう。

ポイント
- ●思い出の記入は、事象を簡潔に記入することを意識
- ●職務上の履歴は、より具体的に成果も含めて記す

▦ 学歴

	学校名	入学・卒業年	所在地
幼稚園／保育園		入園　　年　　　月 卒園　　年　　　月	
小学校		入学　　年　　　月 卒業　　年　　　月	
中学校		入学　　年　　　月 卒業　　年　　　月	
高校・高専		入学　　年　　　月 卒業　　年　　　月	
大学・専門学校		入学　　年　　　月 卒業　　年　　　月	
大学院		入学　　年　　　月 卒業　　年　　　月	

▦ 学生時代の思い出

学業	
部活動	
その他 （恩師など）	

■ 職歴

会社・機関・団体名	所在地	業種・主な職種	入社・退社年		
		業種	入社	年	月
		職種	退社	年	月
		業種	入社	年	月
		職種	退社	年	月
		業種	入社	年	月
		職種	退社	年	月
		業種	入社	年	月
		職種	退社	年	月

■ 職務上の主な実績など

■ プライベートでの重要な出来事（結婚、引越し、旅行等）

年　　月	
年　　月	
年　　月	
年　　月	
年　　月	

その他

1 自分・親族・知人のことを書く

2 お金や資産のことを書く

3 「もしも」のときのことを書く

4 整理ノートを書く際の予備知識

私の通信情報のこと

形のないデジタル情報が中心になるので、ダブルチェックを実施するなど、アドレスや ID などの書き違いには注意する必要があります。

ポイント ● パソコンの中身を見られたくないならパスワードは別に管理するほうがよい

■ 携帯電話

契約している携帯会社	
携帯電話番号	名義　☐本人　　☐その他（　　　　　　　　）
紛失時・解約時等連絡先	
契約内容（コース、月額料金）	
備考	

■ 所有パソコン・契約プロバイダー

メーカー・型番	
ユーザー名	パスワード
サポートセンター連絡先	
契約プロバイダー会社名	連絡先
ユーザー ID	パスワード
備考	

■ メールアドレス

種類	メールアドレス
メールアドレス（携帯）	@
メールアドレス（パソコン）1	@
メールアドレス（パソコン）2	@
備考	

■ SNS・ホームページ等

SNS・ホームページ名	登録メールアドレス	ID・ユーザー名
	@	
	@	
	@	
	@	

備考

―| アドバイス |―

ネットでの利用サービスも記入

スマートフォン、パソコンのデータや利用サービス、デジタル資産は、本書に記入しておかないと自分がいなくなった場合、その存在は気づかれなくなってしまいます。特に金銭の発生するサービスなどは備考欄も使ってもれなく記しておきましょう。

私の家族・親族のこと

血縁関係のある親族や姻族まで、何かあった際に連絡してほしい関係性
の深い人たちの情報をまとめておきましょう。

準備するとよいもの
- ☐ 住所録
- ☐ 携帯電話や
　　パソコン

ポイント
- ●備考欄には愛称、ニックネームも記入しておく
- ●関係性などについても備考欄で触れておく

▨ 家族・親族の詳細

名前	（ふりがな　　　　　　　）	続柄	血液型
生年月日　西暦　　　　　年　（明治・大正・昭和・平成　　　　年）　　　月　　　　日　（　　　　歳）			
住所			
電話　　　　　　　　　　　メールアドレス　　　　　　　　@			
入院時の連絡　☐必要　☐不要　　もしものときの連絡　☐危篤　☐葬儀　☐しない　☐死亡通知のみ			
備考			

名前	（ふりがな　　　　　　　）	続柄	血液型
生年月日　西暦　　　　　年　（明治・大正・昭和・平成　　　　年）　　　月　　　　日　（　　　　歳）			
住所			
電話　　　　　　　　　　　メールアドレス　　　　　　　　@			
入院時の連絡　☐必要　☐不要　　もしものときの連絡　☐危篤　☐葬儀　☐しない　☐死亡通知のみ			
備考			

名前	（ふりがな　　　　　　　）	続柄	血液型
生年月日　西暦　　　　　年　（明治・大正・昭和・平成　　　　年）　　　月　　　　日　（　　　　歳）			
住所			
電話　　　　　　　　　　　メールアドレス　　　　　　　　@			
入院時の連絡　☐必要　☐不要　　もしものときの連絡　☐危篤　☐葬儀　☐しない　☐死亡通知のみ			
備考			

名前	（ふりがな　　　　　　　）	続柄	血液型
生年月日　西暦　　　　　年　（明治・大正・昭和・平成　　　　年）　　　月　　　　日　（　　　　歳）			
住所			
電話　　　　　　　　　　　メールアドレス　　　　　　　　@			
入院時の連絡　☐必要　☐不要　　もしものときの連絡　☐危篤　☐葬儀　☐しない　☐死亡通知のみ			
備考			

名前	（ふりがな　　　　　　　　）	続柄	血液型
生年月日　西暦　　　年　（明治・大正・昭和・平成　　　年）　　月　　　日　（　　　歳）			
住所			
電話　　　　　　　　　メールアドレス　　　　　　　　　＠			
入院時の連絡　□必要　□不要　　もしものときの連絡　□危篤　□葬儀　□しない　□死亡通知のみ			
備考			

名前	（ふりがな　　　　　　　　）	続柄	血液型
生年月日　西暦　　　年　（明治・大正・昭和・平成　　　年）　　月　　　日　（　　　歳）			
住所			
電話　　　　　　　　　メールアドレス　　　　　　　　　＠			
入院時の連絡　□必要　□不要　　もしものときの連絡　□危篤　□葬儀　□しない　□死亡通知のみ			
備考			

名前	（ふりがな　　　　　　　　）	続柄	血液型
生年月日　西暦　　　年　（明治・大正・昭和・平成　　　年）　　月　　　日　（　　　歳）			
住所			
電話　　　　　　　　　メールアドレス　　　　　　　　　＠			
入院時の連絡　□必要　□不要　　もしものときの連絡　□危篤　□葬儀　□しない　□死亡通知のみ			
備考			

名前	（ふりがな　　　　　　　　）	続柄	血液型
生年月日　西暦　　　年　（明治・大正・昭和・平成　　　年）　　月　　　日　（　　　歳）			
住所			
電話　　　　　　　　　メールアドレス　　　　　　　　　＠			
入院時の連絡　□必要　□不要　　もしものときの連絡　□危篤　□葬儀　□しない　□死亡通知のみ			
備考			

名前	（ふりがな　　　　　　　　）	続柄	血液型
生年月日　西暦　　　年　（明治・大正・昭和・平成　　　年）　　月　　　日　（　　　歳）			
住所			
電話　　　　　　　　　メールアドレス　　　　　　　　　＠			
入院時の連絡　□必要　□不要　　もしものときの連絡　□危篤　□葬儀　□しない　□死亡通知のみ			
備考			

1 自分・親族・知人のことを書く

2 お金や資産のことを書く

3 「もしも」のときのことを書く

4 整理ノートを書く際の予備知識

私の家族・親族のこと

名前	（ふりがな　　　　　　　　）	続柄		血液型	
生年月日　西暦　　　　年　（明治・大正・昭和・平成　　　　年）　　　月　　　日　（　　　歳）					
住所					
電話　　　　　　　　　　　　メールアドレス　　　　　　　　　　＠					
入院時の連絡　□必要　□不要	もしものときの連絡　□危篤　□葬儀　□しない　□死亡通知のみ				
備考					

名前	（ふりがな　　　　　　　　）	続柄		血液型	
生年月日　西暦　　　　年　（明治・大正・昭和・平成　　　　年）　　　月　　　日　（　　　歳）					
住所					
電話　　　　　　　　　　　　メールアドレス　　　　　　　　　　＠					
入院時の連絡　□必要　□不要	もしものときの連絡　□危篤　□葬儀　□しない　□死亡通知のみ				
備考					

名前	（ふりがな　　　　　　　　）	続柄		血液型	
生年月日　西暦　　　　年　（明治・大正・昭和・平成　　　　年）　　　月　　　日　（　　　歳）					
住所					
電話　　　　　　　　　　　　メールアドレス　　　　　　　　　　＠					
入院時の連絡　□必要　□不要	もしものときの連絡　□危篤　□葬儀　□しない　□死亡通知のみ				
備考					

名前	（ふりがな　　　　　　　　）	続柄		血液型	
生年月日　西暦　　　　年　（明治・大正・昭和・平成　　　　年）　　　月　　　日　（　　　歳）					
住所					
電話　　　　　　　　　　　　メールアドレス　　　　　　　　　　＠					
入院時の連絡　□必要　□不要	もしものときの連絡　□危篤　□葬儀　□しない　□死亡通知のみ				
備考					

名前	（ふりがな　　　　　　　　）	続柄		血液型	
生年月日　西暦　　　　年　（明治・大正・昭和・平成　　　　年）　　　月　　　日　（　　　歳）					
住所					
電話　　　　　　　　　　　　メールアドレス　　　　　　　　　　＠					
入院時の連絡　□必要　□不要	もしものときの連絡　□危篤　□葬儀　□しない　□死亡通知のみ				
備考					

■ 家族・親族の命日・死因

亡くなった家族・親族	命日				死因
	年	月	日 （享年	歳）	
	年	月	日 （享年	歳）	
	年	月	日 （享年	歳）	
	年	月	日 （享年	歳）	
	年	月	日 （享年	歳）	
	年	月	日 （享年	歳）	
	年	月	日 （享年	歳）	
	年	月	日 （享年	歳）	
	年	月	日 （享年	歳）	
	年	月	日 （享年	歳）	
	年	月	日 （享年	歳）	
	年	月	日 （享年	歳）	

■ 家紋　　　（名称　　　　　　　　　）

───┤ アドバイス ├───

家 紋 を 調 べ る

家の歴史を表す家紋は、子どもや孫の代にも引き継いでいく必要があります。もしも、家紋がわからないのであれば、代々引き継がれているお墓に彫られていることが多いので、それを確認すればよいでしょう。または、引き継いだ紋付袴などがあればわかるでしょうし、親戚や本家などに聞いてみるのも一つの方法です。

私の家系図のこと
― 法定相続人の順位がわかる ―

家系図を書いておくことで、自分の相続人を確定するのに役立ちます。誰が相続人になるのか、その相続割合は、法律で定められています。

ポイント
- 相続人の範囲を網羅しておく
- 再婚のケースは要注意

配偶者は常に相続人に。第1順位は子が死亡している場合は孫、ひ孫に。第2順位は父母が死亡している場合は祖父母に。第3順位は兄弟姉妹が死亡している場合は甥・姪に。誰が亡くなったのかわかるようにしておく。

義母

義父

常に相続人

配偶者

私

第1順位

子

子

子

1親等

1親等

1親等

孫

孫

孫

孫

孫

孫

2親等

2親等

2親等

2親等

2親等

2親等

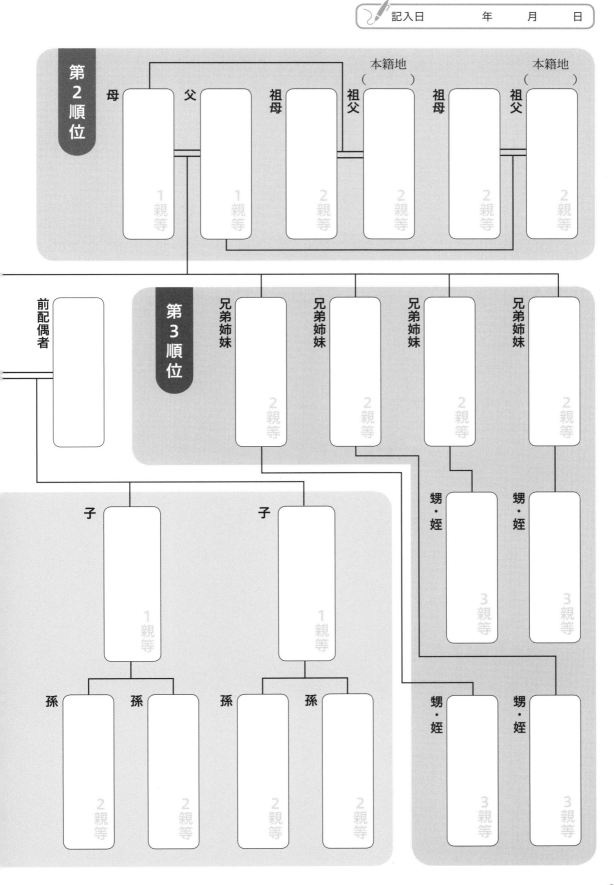

1 自分・親族・知人のことを書く

2 お金や資産のことを書く

3 「もしも」のときのことを書く

4 整理ノートを書く際の予備知識

私の友人・知人のこと

友人や知人については、一緒に住んでいる家族であっても完全には把握していないことが多いため、わかる範囲の情報を記しておきましょう。

準備するとよいもの

☐ 住所録
☐ 携帯電話や
　 パソコン

ポイント
- 関係の深い友人・知人を優先的に記入する
- ニックネームや呼称なども備考欄に記入しておく

■ 友人・知人の詳細

名前	（ふりがな　　　　　　　）	電話
住所		メールアドレス
入院時の連絡　☐ 必要　☐ 不要　　もしものときの連絡　☐ 危篤　☐ 葬儀　☐ しない　☐ 死亡通知のみ		
備考（関係性など）		

名前	（ふりがな　　　　　　　）	電話
住所		メールアドレス
入院時の連絡　☐ 必要　☐ 不要　　もしものときの連絡　☐ 危篤　☐ 葬儀　☐ しない　☐ 死亡通知のみ		
備考（関係性など）		

名前	（ふりがな　　　　　　　）	電話
住所		メールアドレス
入院時の連絡　☐ 必要　☐ 不要　　もしものときの連絡　☐ 危篤　☐ 葬儀　☐ しない　☐ 死亡通知のみ		
備考（関係性など）		

名前	（ふりがな　　　　　　　）	電話
住所		メールアドレス
入院時の連絡　☐ 必要　☐ 不要　　もしものときの連絡　☐ 危篤　☐ 葬儀　☐ しない　☐ 死亡通知のみ		
備考（関係性など）		

名前	（ふりがな　　　　　　　）	電話
住所		メールアドレス
入院時の連絡　☐ 必要　☐ 不要　　もしものときの連絡　☐ 危篤　☐ 葬儀　☐ しない　☐ 死亡通知のみ		
備考（関係性など）		

名前	（ふりがな　　　　　　　　）	電話
住所	メールアドレス	

入院時の連絡　□必要　□不要　　もしものときの連絡　□危篤　□葬儀　□しない　□死亡通知のみ

備考（関係性など）

名前	（ふりがな　　　　　　　　）	電話
住所	メールアドレス	

入院時の連絡　□必要　□不要　　もしものときの連絡　□危篤　□葬儀　□しない　□死亡通知のみ

備考（関係性など）

名前	（ふりがな　　　　　　　　）	電話
住所	メールアドレス	

入院時の連絡　□必要　□不要　　もしものときの連絡　□危篤　□葬儀　□しない　□死亡通知のみ

備考（関係性など）

名前	（ふりがな　　　　　　　　）	電話
住所	メールアドレス	

入院時の連絡　□必要　□不要　　もしものときの連絡　□危篤　□葬儀　□しない　□死亡通知のみ

備考（関係性など）

名前	（ふりがな　　　　　　　　）	電話
住所	メールアドレス	

入院時の連絡　□必要　□不要　　もしものときの連絡　□危篤　□葬儀　□しない　□死亡通知のみ

備考（関係性など）

備考（その他の友人、知人のデータの所在）

私の健康状態のこと

急な医療機関にかかる必要があるケースや、もしものときに必要な、身体的なデータおよび医療関係のデータをまとめておく必要があります。

ポイント
- アレルギーはもれなく書く
- 過去の病歴はすべて明記する

■ 基本の健康データ

身長		cm	体重		kg

血液型　　型　RH（＋　－）	血圧／最高　　　　最低　　　　脈拍

アレルギー（食べ物）　☐有　☐無　（具体的に：　　　　　　　　　　）
アレルギー（薬）　☐有　☐無　（具体的に：　　　　　　　　　　）
アレルギー（他）　☐有　☐無　（具体的に：　　　　　　　　　　）

■ 服用している薬　　（保管場所：　　　　　）

病名	薬	医療機関・担当医	発症年月
			年 月
			年 月
			年 月
			年 月

その他、薬に関する内容（お薬手帳の保管場所など）

※このページのコピーを携帯しておくと、「もしも」のときに助けになります。

かかりつけの病院　（診察券保管場所：　　　　　　　　　　　　　　）

病院名	電話番号	診療科名・通院目的	担当医師

持病・過去の病気

病名	期間	手術の有無	病院・担当医師

健康診断結果　（保管場所：　　　　　　　　　　　　　　）

実施　　　　　年　　　月　　　日

結果での異常値

その他（健康上の注意点、障がいについてなど）

1 自分・親族・知人のことを書く

2 お金や資産のことを書く

3 「もしも」のときのことを書く

4 整理ノートを書く際の予備知識

そのほか私の大切なこと

趣味や好きなものなど、自分のことをより知ってもらうための情報をここには記していきましょう。また、家族同様のペットについても記載していきます。

ポイント
- 好きなもの等の内容に加えて理由も併記しておく
- 誰かにペットの飼育をお願いすることを想定して記入

■ 私の趣味・好きなもの・宝もの

	内容		内容
趣味		好きな服	
特技		好きなスポーツ	
好きな色		好きな有名人・尊敬する人物	
好きな食べ物		好きな歴史上の人物	
好きな動物		影響を受けた人物	
好きな花・植物		好きな街・風景	
好きな季節		好きな言葉	
好きな音楽・曲		好きな自分の性格面	
好きな本・作家		座右の銘	
好きな映画		宝物	

その他

記入日　　　　年　　　月　　　日

■ ペット

生物名・種類		名前	
飼い始めた日　　　　年　　　月　　　日		生年月日　　　　年　　　月　　　日	
過去の病気（かかりつけ医）			
もしものときに飼育をお願いしたい人			
血統書（登録番号・保管場所）			
飼育上の注意点	食べ物		
	薬		
	去勢手術／避妊		
	ワクチン接種		
	散歩の頻度		
	行きつけのトリミングサロン		
	加入保険		
	性格・好きな遊び		

―| アドバイス |―

ペットの世話ができなくなったとき

長期的な入院など、健康状態の関係でペット（犬や猫）の世話ができなくなった場合、親族や知人に頼めなければペットを長期で預かってくれる業者に依頼するという選択肢もあります。ペットを手放さざるをえなければ里親探しを代行するサービスもあります。

1 自分・親族・知人のことを書く

2 お金や資産のことを書く

3 「もしも」のときのことを書く

4 整理ノートを書く際の予備知識

所属団体（グループ）のこと

趣味のグループや、少なからず人間関係が続いているような過去の勤め先などを書き込んでおいてもよいでしょう。

ポイント	●特に関係の深い人の名前なども記載しておく ●どんな活動をしていたかについても記しておく

準備するとよいもの
- □ 団体や組織の入会関係書類
- □ 雇用契約書等

■ 所属団体（グループ）

団体名	連絡先	所属状況他

その他

第 2 章

お金や資産の
ことを書く

お金や資産の管理は、とても大事なことです。持っている
お金や資産がどの程度あるのかという点のみならず、自分
で管理できなくなった場合、どのような形で資産管理をし
てもらうかを、この章で書き込んでいきます。

金融機関の預貯金のこと

金融機関の口座は複数持っているケースが多いものです。通帳の保管場所や、どのような用途の通帳なのかも明記しておくとよいでしょう。

ポイント
- 口座の用途を明確にする
- パスワードは別のところに書き記して保管する

▓ 預貯金口座　　　　　　　　　　　　　（通帳保管場所：　　　　　　　　　）

金融機関名		支店名	
口座種類	☐ 普通預金　　　☐ 定期預金	☐ 当座預金	
口座番号		ウェブ ID	
名義人			
備考（用途等）			

▓ 預貯金口座　　　　　　　　　　　　　（通帳保管場所：　　　　　　　　　）

金融機関名		支店名	
口座種類	☐ 普通預金　　　☐ 定期預金	☐ 当座預金	
口座番号		ウェブ ID	
名義人			
備考（用途等）			

▓ 預貯金口座

（通帳保管場所：　　　　　　　　　　　）

金融機関名		支店名	
口座種類	□ 普通預金　　□ 定期預金		□ 当座預金
口座番号		ウェブ ID	
名義人			
備考（用途等）			

▓ 預貯金口座

（通帳保管場所：　　　　　　　　　　　）

金融機関名		支店名	
口座種類	□ 普通預金　　□ 定期預金		□ 当座預金
口座番号		ウェブ ID	
名義人			
備考（用途等）			

—| アドバイス |—

未使用口座等について

相続時の金融機関の口座の残高の移行には、金融機関の規定の書類に加えて、遺産分割協議書や戸籍謄本をそれぞれの口座に対して用意する必要があるなど、とても煩雑なものになります。もしものときの家族の事務処理を減らすためにも、日常的に使用している金融口座に絞り込み、未使用もしくは使用頻度の低い口座は解約をしておくとよいでしょう。

その他金融資産のこと

株式や債券の日常的な管理は Web だけで行われることも多いため、それら金融資産の保有について、ここでしっかり整理しておきましょう。

準備するとよいもの

- ☐ 口座開設書類
- ☐ 売買明細書（Web 画面のプリント）

ポイント

●証券会社との契約が、特定口座と一般口座のどちらであるのかを備考欄に記しておく

▪️ 株式 　　　　　　　　　　　　（関連書類保管場所：　　　　　　　　　）

銘柄		（証券コード　　　　　　　）
株式数　　　　　　　株	取得金額　　　　　　円	名義人
証券会社・電話番号	口座番号（ID）	
備考		

▪️ 株式 　　　　　　　　　　　　（関連書類保管場所：　　　　　　　　　）

銘柄		（証券コード　　　　　　　）
株式数　　　　　　　株	取得金額　　　　　　円	名義人
証券会社・電話番号	口座番号（ID）	
備考		

▪️ 株式 　　　　　　　　　　　　（関連書類保管場所：　　　　　　　　　）

銘柄		（証券コード　　　　　　　）
株式数　　　　　　　株	取得金額　　　　　　円	名義人
証券会社・電話番号	口座番号（ID）	
備考		

■ 債券

（関連書類保管場所：　　　　　　　　）

種類・銘柄	（銘柄コード　　　　　）	
名義人	利息日・利率	償還日
証券会社・電話番号	口座番号（ID）	
備考		

■ 債券

（関連書類保管場所：　　　　　　　　）

種類・銘柄	（銘柄コード　　　　　）	
名義人	利息日・利率	償還日
証券会社・電話番号	口座番号（ID）	
備考		

■ その他金融資産（投資信託・FX・仮想通貨・NISA・iDeCo 等）

金融資産	名義人	購入金額・購入単位	取扱会社・連絡先

その他（純金積立・従業員持株会など）

土地・建物、その他資産のこと

代々引き継いできた土地などは登記上の名義を自分に変えていないものもあるため、その場合は該当人物との関係性も明記しておきましょう。

ポイント
- 共有名義の場合は、その旨も明記
- 建物等を貸している場合は賃貸契約書の保管場所も明記

■ 土地や建物の種類　　　（関連書類保管場所：　　　　　　）

種類	☐土地　☐建物　☐マンション・アパート　☐田畑　☐その他		
所在地		抵当権　☐有　　☐無	
名義人・持分・面積・用途			
取得価格	固定資産評価額	固定資産税（年間）	
備考			

■ 土地や建物の種類　　　（関連書類保管場所：　　　　　　）

種類	☐土地　☐建物　☐マンション・アパート　☐田畑　☐その他		
所在地		抵当権　☐有　　☐無	
名義人・持分・面積・用途			
取得価格	固定資産評価額	固定資産税（年間）	
備考			

その他

■ 土地や建物の種類　　　　　　　　（関連書類保管場所：　　　　　　　　）

種類	□土地　　□建物　　□マンション・アパート　　□田畑　　□その他

所在地		抵当権　□有　　□無

名義人・持分・面積・用途

取得価格	固定資産評価額	固定資産税（年間）

備考

■ その他資産（自動車・会員権・美術品等）

資産	取得金額	購入企業・連絡先	保管場所	備考（購入日等）

備考（貸金庫・レンタル倉庫・トランクルーム等）

年金・保険のこと

公的な年金と民間の保険をしっかりと整理しておきましょう。年金については受給の有無も記しておくようにします。

ポイント
- ●貯蓄型か掛け捨て型かについても明記する
- ●特約についても備考に記載しておく

■ 公的年金　　　　　　　　　　　　　（関連書類保管場所：　　　　　　　）

加入年金の種類	☐ 国民年金	☐ 厚生年金	☐ 共済年金	☐ その他
基礎年金番号		年金証書番号		
支給開始日		支給日		
支給額（年）		受け取り口座		
備考				

■ 私的年金（企業年金・個人年金）　　（関連書類保管場所：　　　　　　　）

加入年金	☐ 確定給付企業年金制度　　☐ 確定拠出年金制度　　☐ 厚生年金基金制度 ☐ 国民年金基金制度　　　　☐ その他（　　　　　　　　　　　　　）
証券番号	契約日
連絡先	支給額（年）
受取開始・期間	死亡給付金の受取人名
備考	

備考

40

■ 生命保険・共済保険

（関連書類保管場所：　　　　　　　　　）

保険会社名（担当者）		連絡先	
保険の種類　　□ 死亡保険　　□ 医療保険　　□ がん保険　　□ その他（　　　　）			
保険名称		証券番号	
契約日	満期日		満期保険金額
死亡時保険金受取人	保険料（年）		被保険者
備考（特約・指定代理請求人など）			

（関連書類保管場所：　　　　　　　　　）

保険会社名（担当者）		連絡先	
保険の種類　　□ 死亡保険　　□ 医療保険　　□ がん保険　　□ その他（　　　　）			
保険名称		証券番号	
契約日	満期日		満期保険金額
死亡時保険金受取人	保険料（年）		被保険者
備考（特約・指定代理請求人など）			

（関連書類保管場所：　　　　　　　　　）

保険会社名（担当者）		連絡先	
保険の種類　　□ 死亡保険　　□ 医療保険　　□ がん保険　　□ その他（　　　　）			
保険名称		証券番号	
契約日	満期日		満期保険金額
死亡時保険金受取人	保険料（年）		被保険者
備考（特約・指定代理請求人など）			

▓ 損害保険

（関連書類保管場所：　　　　　　　　　）

保険会社名（担当者）		連絡先	
保険の種類	□ 自動車保険　　□ 火災保険　　□ 傷害保険　　□ その他（　　　）		
保険名称		証券番号	
契約日	保険料（年）	被保険者	
備考（特約・保険料支払方法など）			

（関連書類保管場所：　　　　　　　　　）

保険会社名（担当者）		連絡先	
保険の種類	□ 自動車保険　　□ 火災保険　　□ 傷害保険　　□ その他（　　　）		
保険名称		証券番号	
契約日	保険料（年）	被保険者	
備考（特約・保険料支払方法など）			

（関連書類保管場所：　　　　　　　　　）

保険会社名（担当者）		連絡先	
保険の種類	□ 自動車保険　　□ 火災保険　　□ 傷害保険　　□ その他（　　　）		
保険名称		証券番号	
契約日	保険料（年）	被保険者	
備考（特約・保険料支払方法など）			

（関連書類保管場所：　　　　　　　　　　）

保険会社名（担当者）		連絡先	
保険の種類	□自動車保険　　□火災保険	□傷害保険　　□その他（　　　　）	
保険名称		証券番号	
契約日	保険料（年）	被保険者	
備考（特約・保険料支払方法など）			

（関連書類保管場所：　　　　　　　　　　）

保険会社名（担当者）		連絡先	
保険の種類	□自動車保険　　□火災保険	□傷害保険　　□その他（　　　　）	
保険名称		証券番号	
契約日	保険料（年）	被保険者	
備考（特約・保険料支払方法など）			

備考

┤ アドバイス ├

契 約 者 と 被 保 険 者 が 異 な る ケ ー ス

生命保険や損害保険の契約では、保険料を支払う契約者、誰に保険をかけるかを意味する被保険者、誰が保険金を受け取るかを表す保険金受取人が存在します。契約者が自身で、被保険者が配偶者などのように契約者と被保険者が異なるケースは明確にしておきましょう。

ローン・借入金・貸付金のこと

ローンで大きな比重を占めるのは、住宅ローンやオート（自動車）ローンといえるでしょう。それ以外の細かな借入についてももれなく記入します。

ポイント
● 団体信用生命保険に加入していなければ備考に記す
● 担保を入れている場合は備考に内容を書く

■ 住宅ローン　　　　　　　（契約書の保管場所：　　　　　　　　）

借入先		連絡先	
借入金額	利息（年）　　　　%	担保 □有・□無	保証人 □有・□無
借入日		借入残高　　　　　　　年　　月現在	
返済口座		返済日	
返済期限		返済額（月）	
備考			

■ その他のローン・借入金　　　　（契約書の保管場所：　　　　　　　　）

借入先		連絡先	
借入金額	利息（年）　　　　%	担保 □有・□無	保証人 □有・□無
借入日		借入残高　　　　　　　年　　月現在	
返済口座		返済日	
返済期限		返済額（月）	
備考			

■ その他のローン・借入金　　　（契約書の保管場所：　　　　　　　　）

借入先		連絡先		
借入金額	利息（年）　　　　%	担保　□有・□無		保証人　□有・□無
借入日		借入残高　　　　　　　　　年　　　月現在		
返済口座		返済日		
返済期限		返済額（月）		
備考				

■ 保証債務（借金保証人など）　　　（契約書の保管場所：　　　　　　　　）

主債務者・連絡先	債権者・連絡先	保証金額	保証人になった日

■ 貸付金　　　（証書の保管場所：　　　　　　　　）

貸付先		連絡先		
貸付金額	利息（年）　　　　%	担保　□有・□無		保証人　□有・□無
貸付日		借入残高　　　　　　　　　年　　　月現在		
返済方法		返済日		
返済期限		理由		
備考				

クレジットカード・電子マネーのこと

使っていないクレジットカードで、年会費などが発生しているものについては、本書記載のタイミングで解約しておくとよいでしょう。

準備するとよいもの
- ☐ クレジットカード
- ☐ 預金通帳

ポイント
● クレジットカードのカード番号は、下4桁だけの記載にしておくと安全

■ クレジットカード　　　　　　　　　　（契約書の保管場所：　　　　　　　）

カード名	紛失時等の連絡先
カード番号	有効期限
ウェブ用 ID	
公共料金等の引き落とし	☐ 電気　☐ 水道　☐ ガス　☐ 公共放送 ☐ その他（　　　　　　　　　　　　　　　　　　　　　　）
備考	

■ クレジットカード　　　　　　　　　　（契約書の保管場所：　　　　　　　）

カード名	紛失時等の連絡先
カード番号	有効期限
ウェブ用 ID	
公共料金等の引き落とし	☐ 電気　☐ 水道　☐ ガス　☐ 公共放送 ☐ その他（　　　　　　　　　　　　　　　　　　　　　　）
備考	

備考

■ クレジットカード　　　　　　　　　　（契約書の保管場所：　　　　　　　　　）

カード名	紛失時等の連絡先
カード番号	有効期限
ウェブ用 ID	
公共料金等の引き落とし	□ 電気　□ 水道　□ ガス　□ 公共放送 □ その他（　　　　　　　　　　　　　　　　　　　　　　　）
備考	

■ 電子決済機能　　　　　　　　　　　　（契約書の保管場所：　　　　　　　　　）

電子決済名	登録電話番号
登録メールアドレス	＠
種類　　□ チャージ方式　□ プリペイド式　□ オートチャージ式　□ その他（　　　　　）	
連携口座・カード	
備考	

■ 電子マネー　　　　　　　　　　　　　（契約書の保管場所：　　　　　　　　　）

カード名	番号	紛失時の連絡先	備考

口座自動引き落としのこと

記入日　　　年　　月　　日

不定期の引き落としに加えて、公共料金など引き落としが2か月に1回の
ものもあるので、通帳で確認する際は注意しましょう。

ポイント
● クレジットカード決済にしている場合も、念のため
ここに記載。引き落とし見込金額も備考に記入する

準備するとよいもの
☐ 預金通帳
☐ Web口座の
　 画面等

■引き落とし内容（公共料金・通信費）

項目	銀行口座（クレジット会社名）	引き落とし日	備考

■引き落とし内容（その他）

項目	銀行口座（クレジット会社名）	引き落とし日	備考

第 3 章

「もしも」のときの
ことを書く

元気なうちにこそ、「もしも」のときのことをしっかりと
考え、その際の対応を適切に書きとめておくことが肝心です。
介護や看護はもちろん、告知や終末医療、葬儀・お墓、贈与・
相続・遺言書まで本章では網羅していきます。

介護 と 看護のこと

看護や介護は突然に必要になるものです。もしものときに備えて、あらかじめ身内の人とは話をしておく必要があります。

ポイント
- 意見を尊重して欲しい人には前もって承諾を得ておく
- 財産管理は依頼内容を明確にする

■ 介護や看護で意見を尊重してほしい人

名前	（間柄　　　　　　）
連絡先	
理由	

■ 相談してほしいかかりつけ医

病院名・医師
連絡先
理由

■ 自分以外の判断で治療方針を尊重してほしい人

☐ 配偶者　　　　　　☐ 子ども（　　　　　　　　　　　　　　　　） ☐ 家族の判断に任せる
☐ その他の人 　名前　　　　　　　　　　　　　　　　　　（間柄　　　　　　） 　連絡先
理由

◾入院したときに看病してもらいたい人

☐ 配偶者　　　　☐ 子ども（　　　　　　　　　　　　　　　）　　　☐ 家族の判断に任せる

☐ その他の人
　名前　　　　　　　　　　　　　　　　　　　（間柄　　　　　　　）

　連絡先

理由

◾介護をお願いしたい人

☐ 配偶者　　　　☐ 子ども（　　　　　　　　　　　　　　　）　　　☐ 介護サービスを利用
☐ 家族の判断にゆだねる

☐ その他の人
　名前　　　　　　　　　　　　　　　　　　　（間柄　　　　　　　）

　連絡先

理由

◾寝たきりになったときの介護

☐ 介護施設に入りたい
　希望する施設・サービス（　　　　　　　　　　　　　　　　　　　　）
☐ 自宅で家族の介護を受けたい
☐ 自宅でプロのヘルパーなどに手伝ってもらいながら家族と過ごしたい
☐ 家族の判断に任せる

理由

備考

介護と看護のこと

■ 介護・医療にかかる費用

□ 年金、預貯金でまかなってほしい

□ 保険を使ってほしい
（保険会社名　　　　　　　　　　　保険証の保管場所　　　　　　　　　　）

□ 家族で負担してほしい（お願いしたい人　　　　　　　　　　　　　　　）

□ 家族の判断に任せる

備考

■ 自分で判断が難しくなったとき（財産管理など）

□ 家族の判断に任せる

□ 特定の人に依頼済み

（名前　　　　　　　　　　　　　間柄　　　　この人の情報　　ページ）

　□ 任意後見契約（□ 契約済み　　□ 契約なし）

　　公正証書番号（　　　　　　　　　　　　　　　　公証役場）

　　契約書の保管場所（　　　　　　　　　　　　　　　　　　）

　□ 家族信託（□ 契約済み　　□ 契約なし　　□ 遺言による信託）

　　公正証書番号（　　　　　　　　　　　　　　　　公証役場）

　　契約書の保管場所（　　　　　　　　　　　　　　　　　　）

　□ 財産管理委任契約（□ 契約済み　　□ 契約なし）

　　契約書の保管場所（　　　　　　　　　　　　　　　　　　）

□ 特定の人に次の制度で依頼したい

（名前　　　　　　　　　　　　　間柄　　　　この人の情報　　ページ）

　□ 任意後見制度　　□ 法定後見制度　　□ 家族信託　　□ 財産管理委任契約

□ 社会福祉協議会の日常生活自立支援事業の活用

（□ 活用したい　　□ 活用したくない　　□ 活用済み）

　　専門員・生活支援員の名前（　　　　　　　　　所属　　　　　　　）

　　連絡先（　　　　　　　　　　　　　　　　　　　　　　　　　　）

　　契約書の保管場所（　　　　　　　　　　　　　　　　　　　　　）

備考

■ 介護している人に伝えたいこと

☐ 無理をせず負担がかかりすぎないようにしてください
☐ 介護がつらくなったらプロに任せてください
☐ 役割分担など円滑な方法を優先してください
☐ 介護の貢献に応じて寄与料を払います

その他

■ 介護の要望

食べ物のこと	
服装のこと	
身の回りのこと	
家具・家電製品のこと	
生きもの・花などのこと	
面会のこと	
プライバシーのこと（室内の設置等）	
備考	

告知・終末医療のこと

告知については、病気の治療方針にも影響してくる要素なので、しっかり自分なりの考えを整理しておくことが必要です。

ポイント
● 告知に対する考え方は家族にも事前に伝えておく
● 終末医療について理解を深めておく（72ページ参照）

■ 病名・余命の告知

☐ 自分には教えないでほしい
（伝えておいてほしい人　　　　　　　　　　　　　　この人の情報　　ページ）
☐ 余命は 知りたくないが病名だけは知りたい
（伝えておいてほしい人　　　　　　　　　　　　　　この人の情報　　ページ）
☐ 余命が（　　）か月以上であれば病名・余命も教えてほしい
☐ 病名も余命も教えてほしい

備考

■ 延命治療

☐ できる限り延命治療をしてほしい
　蘇生について　　☐ 心臓や呼吸が停止したときに心肺蘇生はしないでほしい
　　　　　　　　　☐ 人工呼吸器はつけないでほしい
　　　　　　　　　☐ 蘇生治療をしてほしい
　食事を口から食べられなくなったとき
　　　　　　　　☐ 管を入れたり胃ろうは造ったりしないでほしい
　　　　　　　　☐ 管を入れたり胃ろうを造ったりしてほしい
　腎不全に陥った場合
　　　　　　　　☐ 人工透析をしないでほしい　　　☐ 人工透析をしてほしい
☐ 緩和治療は望むが延命のみの治療はしないでほしい
☐ 担当医の判断に任せる
☐ 家族の判断で延命治療を打ち切ってほしい（判断を委ねたい人　　　　　　　　　　）
☐ 延命治療はせず尊厳死を求める
　（☐ 尊厳死宣言公正証書を作成済み　　☐ 尊厳死の宣言書（リビング・ウィル）を作成済み）

備考

■ ホスピス

□ もしものときはホスピスに入りたい
　　　希望の施設　（　　　　　　　　　　　　　　　　　　　　　　）
　　　連絡先　　　（　　　　　　　　　　　　　　　　　　　　　　）
　　　費用の手当　（　　　　　　　　　　　　　　　　　　　　　　）
□ ホスピスには入りたくない（過ごしたい場所　　　　　　　　　　）
□ 家族の判断に任せる

備考

■ 臓器提供

□ 臓器提供意思表示カードを持っていない
□ アイバンク（角膜移植）に登録していない
□ 臓器提供の登録をしている　（登録団体　　　　　　　　　　　　）
□ 家族の承認で提供できる移植は家族の判断に任せる
□ 検体に登録している　（登録団体　　　　　　　　　　　　　　　）
□ 臓器移植・検体を希望していない

備考

■ 遺体衛生保全処置（エンバーミング）

□ 希望する
□ 希望しない
□ 家族の判断に任せる

備考

| アドバイス |

ホ ス ピ ス の 役 割

ホスピスは、病気の苦痛を和らげる治療・緩和ケアを行う施設です。病院の緩和ケア病棟以外にも、緩和ケアを提供するサービス付き高齢者住宅などもあり、末期ガンの患者など苦痛を和らげて最期のときを穏やかに過ごしたいと考える人が対象となります。

葬儀のこと

近年の葬儀の多様化にともない、自分が思う通りの葬儀にすることも可能です。葬儀への意向があれば細部も含めて検討しておきましょう。

ポイント
- 葬儀で重視したいポイントの優先順位を考えておく
- 菩提寺がある場合はあらかじめ相談しておく

■ 葬儀業者との生前契約・予約

☐ 契約している（支払済み）　　☐ 契約している（未払い）
☐ 予約している　　　　　　　　☐ 予約していない
☐ 互助会に加入済み　　　　　　☐ 以下の業者を希望する　　☐ 家族に任せる

　　葬儀業者（　　　　　　　　　　　　　　　　　　　　　　　　）
　　連絡先　（　　　　　　　　　　　　　　　　　　　　　　　　）
　　担当者　（　　　　　　　　　　　　　　　　　　　　　　　　）

備考

■ あなたの宗教・宗派

宗教	宗派	
菩提寺・教会・神社などの所在地		
電話	住職名・神父などの名	☐ 無宗教葬を希望します
備考		

■ 葬儀の場所

☐ 葬儀会社　　　　　　　　　　☐ 自宅
☐ 宗教施設　　　　　　　　　　☐ その他の希望場所（　　　　　　　　　　）
☐ 家族に任せる

備考

▥ 葬儀の規模

☐ 標準的な葬儀を希望する　　　　　☐ 家族葬にしたい
☐ 質素にしたい　　　　　　　　　　☐ 豪華にしたい
☐ しなくてもよい　　　　　　　　　☐ 家族に任せる

備考

▥ 葬儀の形式

☐ 一般的な葬儀（お通夜→葬儀・告別式→火葬）　　☐ 簡略的な葬儀（葬儀・告別式→火葬）
☐ 密葬（家族のみ）→火葬→お別れの会　　　　　☐ 密葬（家族のみ）→火葬
☐ 自由葬（　　　　　　　　　　　　　　　　）　☐ 家族に任せます

備考

▥ 葬儀の費用

☐ 預貯金・財産を使用してください
☐ 保険・共済・互助会の掛け金で工面してください（連絡先　　　　　　　　　）
☐ 家族で工面してください　　　　　☐ 家族の判断に任せます
☐ その他（　　　　　　　　　　　　　　　　　　　　　　　）

備考

備考

┤ アドバイス ├

葬儀のさまざまな形式について

近年は宗教にとらわれない「自由葬」も増えてきました。自分が好きだった音楽で葬送する「音楽葬」など、オリジナルな葬儀は参列者の印象に残るものになるでしょう。ただし、葬儀社を交えた準備は必要。家族の負担も考慮し、事前に相談しておくことも重要です。

葬儀のこと

■ 喪主

□ すでにお願いしてある　（名前	この人の情報　　ページ）
□ お願いしたい人はいる　（名前	この人の情報　　ページ）
□ 家族に任せる	

備考

■ 世話役（葬儀委員長）

□ すでにお願いしてある　（名前	）
□ お願いしたい人はいる　（名前	）
□ 家族に任せる	

備考

■ 弔辞

□ すでにお願いしてある　（名前	）
□ お願いしたい人はいる　（名前	）
□ 弔辞は必要ない	
□ 家族に任せる	

備考

■ 戒名

希望する戒名のランク

戒名に入れてほしい文字

□ 戒名はいらない
□ すでに戒名を授かっている
□ 家族に任せる

備考

◼ 遺影／お棺に入れてほしいもの・身につけたいもの／死亡のお知らせ

□ 遺影にしてほしい写真がある　（保管場所　　　　　　　　　　　　　　　　　　）

□ 家族の判断に任せる　　□ 飾らないでほしい

□ お棺に入れてほしいものがある　（　　　　　　　　　　　　　　　　　）　□ 無

□ 身につけたいものがある　（　　　　　　　　　　　　　　　　　）　□ 無

死亡のお知らせ　　□ 郵送通知状　　□ 新聞告知　　□ 電話通知　　□ 家族に任せる

備考

◼ 法要

□ 初七日はしてほしい　　　□ 四十九日はしてほしい

□ 一周忌はしてほしい　　　□ 三回忌はしてほしい

□ 七回忌はしてほしい　　　□ 十三回忌はしてほしい

備考

◼ その他の希望

香典・供花		骨壷	
香典返し（返礼品）		祭壇	
会葬礼状		参列者へのメッセージ	
棺		葬儀で流す音楽	
霊柩車		呼んでほしくない人	
備考			

1 自分・親族・知人のことを書く

2 お金や資産のことを書く

3 「もしも」のときのことを書く

4 整理ノートを書く際の予備知識

お墓のこと

お墓の選択肢もひと頃に比べると格段に増えています。お墓を守ってくれる次の世代の負担等も考慮しつつ判断することが求められます。

ポイント
- ●継承してくれる子どもや孫の意向も聞いておく
- ●お墓を維持し管理する費用も考慮して選ぶ

■ お墓の有無

☐ 有（場所   ）
☐ 無（希望の場所   ）
☐ 手元供養

備考

■ 墓石

☐ 継承墓	☐ 個人墓（夫婦別）	☐ 夫婦墓
☐ 両家墓	☐ 共同墓	☐ 樹木葬

備考

■ 埋葬場所

☐ 公営墓地	☐ 寺院墓地	☐ 民間の霊園墓地
☐ 散骨	☐ 合同墓地	☐ 家族に任せる

備考

■ 納骨方法

☐ 一般的な納骨　　☐ 分骨　　☐ 分骨を希望しません　　☐ 散骨
☐ その他の希望（   ）

備考

■ お墓・納骨・法要に関する費用

□ 預貯金・財産を使用してください

□ 保険・共済・互助会の掛け金で工面してください（連絡先　　　　　　　　　　　）

□ 家族で工面してください

□ その他

□ 家族の判断に任せます

備考

■ 仏壇について

□ 代々の仏壇を使ってください

□ 新たに用意してください

□ 家族の判断に任せます

備考

■ お墓を含む死後事務

□ すでに家族にお願いしてあります（お願いした人　　　　　　　　　　　）

□ 家族にお願いします（お願いしたい人　　　　　　　　　　　）

□ 死後事務委任契約を結んでいます

　　契約した人・機関等（　　　　　　　　　　　）

　　契約書の場所　　　（　　　　　　　　　　　）

備考

備考

贈与・相続・遺言書のこと

贈与は相続と密接に関係しているものです。贈与・相続についてはあらかじめ基本的な知識を得ておくことも重要です。

ポイント
- 相続税が発生する基準の資産額は法定相続人の人数によって異なる

■ 相続税が生じる資産の有無

☐ 有　　　　☐ 無　　　　☐ 不明

■ 生前贈与の有無

☐ 有　（☐ 相続時精算課税を選択済み）　　　　☐ 無

教育資金の贈与　　　☐ 無
　　　　　　　　　　☐ 有

　受贈者（　　　　　　　　　　　）　　贈与した日（　　　　　　　　　）
　金額　（　　　　　　　　　　　）

結婚資金・子育て資金の贈与　　☐ 無
　　　　　　　　　　　　　　　☐ 有

　受贈者（　　　　　　　　　　　）　　贈与した日（　　　　　　　　　）
　金額　（　　　　　　　　　　　）

住宅取得資金等の贈与　　☐ 無
　　　　　　　　　　　　☐ 有

　受贈者（　　　　　　　　　　　）　　贈与した日（　　　　　　　　　）
　金額　（　　　　　　　　　　　）

配偶者への贈与　　　☐ 無
　　　　　　　　　　☐ 有

　受贈者（　　　　　　　　　　　）　　贈与した日（　　　　　　　　　）
　金額　（　　　　　　　　　　　）

備考

■ その他生前贈与

生前贈与の内容	受贈者	金額	備考

備考

■ 相続の方針

□ 法定相続に準じてほしい

□ 遺言書に準じてほしい　（保管場所　　　　　　　　　　　　　　　　　）

□ 遺言を作成してほしい　（理由　　　　　　　　　　　　　　　　　　　）

□ 死因贈与をする　　　　（相手　　　　　　　　　　　　　　　　　　　）

備考

■ 遺言書の種類　　　　　　　　　　　　　　　　（作成日　　　　　　　　　）

□ 自筆証書遺言（委託している人・法務局　　　　　　　　　　　　　　　）

□ 公正証書遺言（公証役場名　　　　　　　　　　　　　　　　　　　　　）

□ 秘密証書遺言（保管者　　　　　　　　　　　　　　　　　　　　　　　）

□ その他

遺言執行者　　□ 依頼無

　　　　　　　□ 依頼有（氏名　　　　　　　　　　　連絡先　　　　　　）

備考（内容の概略）

贈与・相続・遺言書のこと

■ 自筆証書遺言について

☐ 法務局における自筆証書遺言保管制度を利用している

☐ 法務局における自筆証書遺言保管制度を利用していない

（保管場所　　　　　　　　　　　　　　　　　　　　　　　　　　　　）

備考

■ 相続税が生じる場合の節税対策

☐ 相続税の節税対策をしていない

☐ 相続税の節税対策をしている（下記の内容）

　　☐ 生前贈与　　☐ 生命保険　　☐ 土地活用　　☐ 養子縁組

　　☐ その他（　　　　　　　　　　　　　　　　　　　　　　　　　　）

備考

■ 相続人の廃除

☐ 該当者なし　　　　　　☐ 申立済み

☐ 遺言書で意思表示済み

　　該当する相続人（　　　　　　　　　　　　　　　　　　　　　　　）

　　廃除理由　　　（　　　　　　　　　　　　　　　　　　　　　　　）

備考

■ 事業承継

承継者

　☐ 遺言書に準じてほしい

　☐ 以下に準じてほしい

　（内容　　　　　　　　　　　　　　　　　　　　　　　　　　　　　）

事業承継対策

　☐ 行っている　（具体的な内容　　　　　　　　　　　　　　　　　　）

　☐ 行っていない

備考

■ 寄付

内容	寄付先（連絡先）	備考
		□ 遺贈　　　□ その他 □ 死因贈与
		□ 遺贈　　　□ その他 □ 死因贈与
備考		

■ 遺産相続の希望

遺産内容	相続させたい人	備考
理由や相談をしている専門家など		

┤ アドバイス ├

自筆証書遺言のリスク

法律上有効な遺言として、自筆証書遺言・公正証書遺言・秘密証書遺言の3種類が一般的に挙げられます。自筆証書遺言は、費用がかからないというメリットはありますが、紛失や内容の改ざんのリスクもともないますので、保管方法には注意が必要です（12ページ参照）。

※このノートに法的効力はありません。法的な効果を求める場合には、遺言書を作成しておきましょう。

遺品・形見分けのこと

大事にしていた品物を大事な人に使ってもらいたい場合は、残された人たちの嗜好や特性を考えて、形見分けするとよいでしょう。

ポイント
- 壊れたり、使えない形見を渡すことは避ける
- 高価すぎる品物は相続税の対象になる可能性もある

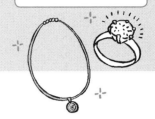

■ 形見分け・所有物

□ 遺言書に準じてほしい
□ 家族に任せる
□ 以下に準じてほしい

形見の内容	譲りたい人	保管場所	備考

備考（その他）

■ コレクションの引き継ぎ・処分など

☐ 家族に任せます

☐ 次のようにしてほしいです

（　　　　　　　　　　　　　　　　　　　　　　　　　　　　　　　　　）

備考

■ 自分の死後に対する希望＜仕事・事業のこと＞

継続中の仕事	連絡先（取引先）	事後処理を お願いする人	備考

備考（その他）

備考

遺品・形見分けのこと

■ 自分の死後に対する希望<日記・メモのこと>

- □ 日記・メモの内容は見ずに破棄してほしいです
- □ 日記・メモの内容は見てもらってもよいです
- □ 家族の判断に任せます

備考（見てほしいものなど）

■ 自分の死後に対する希望<デジタル機器のこと>

スマートフォン
- □ スマートフォンの内容は見ずに破棄してほしいです
- □ スマートフォンの内容は見てもらってもよいです（パスワード　　　　　　　　）
- □ 家族の判断に任せます

パソコン
- □ パソコンの内容は見ずに破棄してほしいです
- □ パソコンの内容は見てもらってもよいです（パスワード　　　　　　　　）
- □ 家族の判断に任せます

メール
- □ メールは見ないでほしいです
- □ アドレスの一斉発信で私の死亡を告知してほしいです
- □ 家族の判断にお任せします

SNS
- □ SNS は閉鎖してほしいです（パスワード　　　　　　　　）
- □ SNS に私が死亡したことを掲載してください
- □ 家族の判断に任せます

デジタル資産
- □ 価値はないので破棄してください
- □ 価値のあるものがあるので活用してください（内容　　　　　　　　）

備考（見てほしいデータなど）

第 **4** 章

整理ノートを書く際の 予備知識

「整理ノート」を書くにあたって知っておくとよい予備知識をこの章にまとめてあります。介護や終末医療、お金や資産、相続・贈与、葬儀について、解説していきます。この章を読む前にノートを記載していて自分の考え方が変わったのであれば、書いた内容をあらためて見直して情報を更新してもよいでしょう。

※原則として 2024 年 5 月の情報に基づいています。

1 「介護」についての予備知識

介護を自宅で行うか、施設で行うかは大事な選択になります。それぞれについて知ったうえで、大筋の方向性を決めておくとよいでしょう。

介護サービスの種類

公的介護保険での介護サービスは、**大きく分けると居宅サービスと施設サービス、地域密着型サービスがあります。**居宅サービスは、自宅で家族と生活しながら、必要に応じて介護サービスを利用できます。老人ホームなどの施設に入っていても、そこが居宅と見なされれば、施設でのサービスは居宅サービスに含まれます。

また、老人ホームにも、さまざまな種類があります。

─《 さまざまな介護サービスの例 》─

居宅サービス
自宅で生活する人が対象

訪問介護（ホームヘルプサービス）	ホームヘルパーが家庭を訪問し、食事介助、排泄介助、衣類の着脱介助、入浴介助などのサービスを行う。
通所介護（デイサービス）	デイサービスセンターなどに通い、食事や入浴などの支援や、生活機能向上のための機能訓練などを受ける。
短期入所生活介護（ショートステイ）	利用者が数日から1週間の間、施設に入所し、入浴や排泄、食事の世話、機能訓練などのサービスを受ける。

施設サービス
介護保険施設に入所する人が対象

介護老人福祉施設	都道府県知事の指定を受けた特別養護老人ホームなど。
介護老人保健施設	医療と福祉の両方のサービスを提供する施設。自宅に戻ることを目指す。
介護医療院（介護療養型医療施設）	長期の治療を必要とする要介護者のために医療中心のサービスを提供。

地域密着型サービス（一部）
市町村が事業所を指定して提供

小規模多機能居宅介護	小規模な居住系サービス。通いを中心に、食事、入浴などの介護・支援を組み合わせて受ける。
認知症対応型共同生活介護（グループホーム）	認知症の高齢者が共同生活する住居。食事、入浴などの介護・支援、機能訓練が利用可能。
地域密着型通所介護	小規模なデイサービスセンター（定員18人以下）で、介護支援や機能訓練、レクリエーションを楽しむ時間などを通いで受ける。

―≪ 主な公的、民間老人ホームの概要 ≫―

	概要	費用	対象者	部屋の形式
特別養護老人ホーム（公的）	在宅での生活が困難になった、要介護の高齢者が入居できる「介護老人福祉施設」。「特養」とも呼ばれており、原則として終身にわたって介護が受けられる。	安い	全面的な介助が必要な要介護3以上	相部屋が中心
介護付き有料老人ホーム（民間）	介護が必要になったとき、ホームのスタッフがサービスを提供する施設。要介護者のみが入居可能な「介護専用型」と、自立・要支援と要介護の人を対象にした「混合型」がある。	普通〜高い	自立要支援要介護	原則個室
住宅型有料老人ホーム（民間）	食事・掃除などの生活支援サービスや、健康管理、見守りサービスが受けられる施設。介護サービスは、外部のものを利用することになる。	普通〜高い	自立要支援要介護	原則個室

🌑 老人ホーム等への入居までの流れ

老人ホームに入居しようと思ったら、まずは複数の施設の資料を請求し、希望する条件と合う施設を検討することから始めます。費用やサービスの内容等をよく検討したうえで、いくつかの施設の見学の予約を入れます。入居時にいくら支払うのか、毎月いくら支払うのか、返還金はあるのかなどはあらかじめよく確認しておきます。

見学時は、**スタッフの対応や、清掃面、入居者の雰囲気などを中心にチェックし、気持ちよく住み続けられるかどうかを判断**します。候補の施設が絞り込めたら、施設によっては、数日間ホームに滞在する体験入居を実施していますので利用してみましょう。実際の生活のイメージも膨らみ、入居者とコミュニケーションが取れるため、生の声を聞くことができます。

入居する施設が決まったら契約します。入居時には保証人・身元引受人が求められることがほとんどなので、あらかじめ家族や知人に相談しておきましょう。

まとめ

1. 介護サービスには居宅、施設、地域密着型がある

2. 公的老人ホーム、民間老人ホームの特徴を知っておく

3. 希望する施設はチェックポイントを定めて見学・体験入居する

「終末医療」についての予備知識

病気になりたい人はいませんが、誰もが病気になる可能性はあるものです。いざというときのために最低限の知識は持っておくべきでしょう。

自身が納得する診断や治療方針のために

　かつては、医師任せだった医療の現場ですが、近年は患者自身も治療の決定に関わるのが普通になっています。こういった背景もあり、**今かかっている医師以外の医師に求める第2の意見「セカンドオピニオン」は、特に重大な医療的判断を行う際には一般的になってきています。**

　病院によって、提供できる医療内容に限界がある場合もありますし、患者自身の受けたい治療もさまざまです。診断や治療方針に納得できない、より多くの治療の可能性を考慮したいというのであれば、身近な人やかかりつけ医に相談するとともに、専門医のセカンドオピニオンを聞く価値は十分にあります。

─《 セカンドオピニオンの流れ 》─

セカンドオピニオン先を決める

聞きたいことをまとめる

主治医から紹介状・診断情報をもらう

セカンドオピニオンを聞く

主治医と治療法を見直す

入院時に必要になるもの

　緊急入院でない限り、入院前に自分や家族で入院の準備を行い、事務手続きを経て入院となります。入院生活に必要な寝間着の着替えや下着、タオル、コップや歯ブラシといったものを用意しなければなりませんが、**病院から渡される入院の申込書や案内書にリストが掲載されているケースが多いので、それに則って用意します。**なお、事務手続きの際に必要となるのは、一般的には①診察券、②入院申込書（記入済）、③印鑑（認印）、④各種保険証、⑤入院保証金などが主なものです。**入院申込書では連帯保証人を記す必要がありますので、前もって誰にお願いするか決めておくとよいでしょう。**

延命治療の実際

　延命治療については、それぞれの考え方がありますが、まずは自身の考えを明確にしておくことが重要です。延命治療を受けるか、受けないかを決定するためにも、延命治

療の実際について最低限の知識を持っておくことが大切です。

　延命治療は文字通り命を延ばすために治療をすることです。**現状では回復が見込めない患者に対して、現代の医療技術を駆使することで死期をある程度引き延ばすもの**であり、大きくは次の3つが代表的な延命治療になります。

―《 延命治療の種類 》―

人工呼吸	脳死などで昏睡状態にあり、肺機能の低下によって血液の酸素化が十分にできない状態などの際の治療です。口や切開した気管などからチューブを挿入し、酸素を送ります。
人工栄養	脳死などの昏睡状態にある時などの治療。お腹からチューブ（経鼻胃管）を挿入して栄養補給する「胃ろう」と、中心静脈カテーテルを挿入して血液中に直接栄養を補給させる場合があります。
人工透析	腎臓の働きが不十分になった際に行われる治療です。腎不全に陥った場合、尿毒症という症状になることを防ぐために、外科的に血液中の老廃物の除去や電解質の維持、水分量の維持を行います。

延命治療のメリット・デメリット

　従来は医師主体の延命治療でしたが、現在は尊厳死や平穏死などを希望する人が増えてきたこともあり、患者自身の意思が尊重されるようになってきました。まずは、自身の状態を把握しつつ、適切に判断することが重要です。

　延命治療のメリットは、まさしく尊い生命を1日でも長く維持することになります。一方、デメリットとしては、本人の意思に反するものになる可能性や、費用面や精神面で家族に負担がかかる恐れがあるという点が挙げられます。病院の方針や患者の状態等より、延命治療を積極的に行いたいと考える医師もいます。そのような際、自身が意思表示のできない状態の中で延命治療を拒否するには、次の2つの方法があります。

　延命治療に対して末期な状態ならば延命治療をしないでほしいという意思表示を、元気なうちに書類に記載しておくリビング・ウィル（事前指示書）、もしくは公証人が本人の意思を聴取し、その結果を公正証書とする尊厳死宣言公正証書を用意することです。どちらも、延命治療を拒否する手段になり得ます。

まとめ

1. **重大な医療判断をする際には聞いておきたいセカンドオピニオン**

2. **入院時の保証人は前もって話をつけておく**

3. **延命治療を理解し、自身の考え方を明確にしておく**

「お金や資産」についての
予備知識

お金や資産のことを整理ノートに記入するうえで役立つ、自分で判断する能力がなくなった際の「成年後見制度」や「家族信託」、「財産管理委任契約」等についても理解しておきます。

判断能力が失われた際の成年後見制度

　資産は、心身ともに健康である際は自身の判断で管理することができますが、もしも健康でなくなってしまったときには、必ずしも健康時と同じように適切に管理できるとは限りません。例えば、**認知症など自身の判断能力が失われてしまった際などがこれにあたるでしょう。そのようなときに活用できる法的な制度が、成年後見制度**です。

　成年後見制度には、自身が選んだ任意後見人と契約を結ぶ任意後見制度と、家庭裁判所によって成年後見人が選ばれる法定後見制度とがあります。

| 家庭裁判所 | 選任・チェック → | 成年後見人 | 支援 → | 本人 |

任意後見制度は前もって契約しておく制度

　任意後見制度は、判断能力が低下した場合に備えて、**自らが選んだ「任意後見人」に、資産管理等を含むさまざまな法律行為等や、代わりにしてもらいたいことを前もって契約しておく制度**です。任意後見人は特に誰でなくてはならないということはなく（未成年でないなどの条件あり）、一般的には、家族や知人、司法書士や弁護士などの専門家にお願いします。契約は公証役場で公正証書にしなければいけません。

　任意後見契約は、自身の判断能力が低下した場合に、家庭裁判所で任意後見監督人（任意後見人が適正に仕事をしているか監督する人）が選任されて初めて効力が生じます。

　この**手続を申立てることができるのは、自身やその配偶者、4親等内の親族、任意後見人の契約をした人**になります。

― ≪ 任意後見制度の流れ ≫ ―

任意後見契約の締結

↓

判断能力の低下

↓

家庭裁判所に任意後見監督人
選任の申立て

↓

任意後見監督人の選任

↓

任意後見契約の効力発生

●判断能力が衰えてから活用する法定後見制度

法定後見制度は、本人が判断をできなくなった際などに、家庭裁判所によって成年後見人が選ばれる制度です。判断能力が低い高齢者に悪質業者などが不本意な契約をさせるようなケースもあり、そのような事態を回避するためにも有益な制度といえます。

成年後見人は、保護・支援する本人の利益を考えながら、代わりに**契約などの法律行為をしたり、本人が成年後見人の同意を得ないでした不利益な契約などの法律行為を後から取り消したり**もします。

なお、法定後見制度を利用するには、自身や配偶者、4親等内の親族などが、家庭裁判所に申し立てをする必要があります。

≪ **法定後見制度の流れ** ≫

市区町村・民間団体等の相談窓口に相談

家庭裁判所への相談

制度利用の申立て

裁判所による事情調査・判断能力鑑定

後見等の開始の審判・成年後見人の選任

その他の資産管理をするための方法

財産管理を第三者に行ってもらうには、成年後見制度の活用以外にも方法があります。**家族信託**は、判断能力が低下したときに備えて、信頼できる家族に財産を託す制度です。成年後見に比べて、**より柔軟で長期にわたった本人の意向を実現できるのがメリット**で、家族信託をするには信託契約書を作成し、公証役場で公正証書を作成する場合もあります。

財産管理委任契約は、資産管理で用いられる制度です。任意代理契約などとも呼ばれ、自分の財産の管理について代理権を与える人を選んで管理内容を決めて委任します。**成年後見制度との違いは判断能力の低下がなくても利用できる**点です。財産管理を委託された人の行為をチェックしづらい点がデメリットになります。

また、社会福祉協議会による**日常生活自立支援事業**も財産管理に関するものになります。これは、判断能力が不十分な人が対象で、**日常生活費の管理や、年金証書・定期預金通帳などの金融機関の貸金庫での預かり**といったものが主なサービスになります。

> ### ま と め
>
> **1. 成年後見制度には、任意後見制度と法定後見制度の2つがある**
>
> **2. 資産管理を任せるには家族信託や財産管理委任契約などもある**

4 「相続・贈与」についての 予備知識

財産をどれだけ持っているかによって、相続税が発生するか否か、またどれだけ相続税がかかってくるかが決まってきますので、相続・贈与の知識はとても大事です。

相続税が発生する相続財産

相続税は、亡くなった人（被相続人）が遺した遺産を相続人が取得したときに課される税金です。**相続税が発生する財産には、お墓など一部のものを除いた相続や遺贈によって取得するすべてのものが含まれます。**

ただし、死亡保険金・死亡退職金（みなし相続財産）であれば500万円×法定相続人の数の非課税枠などもあります。

財産を相続することのできる法定相続人

財産をどれだけ持っていたら、どのくらいの相続税が発生するかということは知っておくべきでしょう。その際に大事なことは、自身の財産を相続させる相続人が何人いるかという点です。**法律で定められている相続人は下のような家族が当てはまり、この人たちを法定相続人と呼びます。**

⟪ 法定相続人の優先順位 ⟫

常に相続人	第1順位の相続人	第2順位の相続人	第3順位の相続人
配偶者 +	子 子 子 子	父 母 祖父 祖母	兄 弟 姉 妹

第1順位の相続人で、子が被相続人より先に亡くなっている場合等は、孫・ひ孫等が相続人になります。第2順位は第1順位の相続人が1人もいない場合。第2順位の相続人が1人もいない場合は、第3順位になります。

相続税が発生するかしないかは基礎控除で判断

自身の財産の価値を計算したうえで、法定相続人の人数によって相続税の計算を行っていきます。ただし、**相続税には3,000万円の基礎控除**があります。

さらに、**法定相続人の人数1人に対して、右ページ上の表のように基礎控除が600万円分増えていきます。**

法定相続人の数	1人	2人	3人	4人	5人	6人
基礎控除の金額	3,600万円	4,200万円	4,800万円	5,400万円	6,000万円	6,600万円

相続財産の評価額が、基礎控除の金額より多い場合でも、相続税のかからないケースもあります。まずは配偶者の税額軽減です。**1億6,000万円、もしくは配偶者の法定相続分相当額の金額のどちらか多い金額までは、配偶者に相続税がかかりません。**

また、**被相続人の配偶者がその宅地を取得した場合など、被相続人の自宅等の敷地について評価額の減額が認められる特例**などもあります。これらの軽減措置等については、専門家に相談するのが賢明でしょう。

特別の寄与者は相続時に金銭を受け取れる

長男の嫁など（特別寄与者）、本来の相続人でない人が被相続人の介護を何年にも及んで行ったようなケースに対応するため、特別寄与という考え方があります。これは**特別寄与者が特別寄与料として相続時に金銭を受け取ることが認められる**というものです。特別寄与者に一定の財産を贈る旨を遺言書に記すのも一つの選択肢です。

生前からの相続税対策が贈与

相続税がかかってくるケースでは、生前に贈与をしておくことで節税につなげることができます。原則、贈与にも贈与税がかかってきますが、**一人が受けた贈与が110万円以内（年間）であれば非課税になる基礎控除がある**ため、税負担を減らしつつ財産を次世代に受け渡すことができます。ただし、毎年同じ時期に同じ額を贈与していた際などは、定期贈与とみなされ、贈与税がかかるケースもあるため注意しましょう。専門家に相談するなど、定期贈与とみなされないような対策をしっかりとる必要があります。

> **まとめ**
>
> *1.* 法定相続人を確認し、相続税がいくら発生するか知る
>
> *2.* 相続税の主な特例について理解しておく
>
> *3.* 贈与税のかからない基礎控除は年間で1人が受ける額が110万円以内

5 「葬儀」についての
予備知識

葬儀については、自らの希望があるのであれば、元気なうちに準備しておくことが望ましいですし、もしものときに家族の負担を減らすこともできます。

葬儀の形式

近年は一般的な葬儀に加えて、さまざまな形式の葬儀も珍しくなくなってきました。傾向としては、**仏式で一般的な二日におよぶ葬儀ではなく一日で行ってしまうようなコンパクトな葬儀も増えつつあります**（11ページ参照）。

近しい身内を中心としたコンパクトな家族葬も多くなっており、後日、親族や親しい友人らが集まって葬儀を行う「後日葬」や「お別れ会」といった形式もあります。

葬儀会社との葬儀の生前予約

自身の死後、葬儀を行うことを予約しておくことが葬儀の生前予約です。葬儀は予約した葬儀会社に任せること、葬儀をどういった内容にするかを前もって取り決めておくわけです。生前契約のメリットは、**自身の思い通りの葬儀にすることができる**点です。通常であれば遺族が急いで決めなければならない葬儀の内容について、時間をかけて自分で考えることができます。祭壇、遺影など、自身がイメージしている細部まで作り上げることができます。当然、悲しみの中にある家族の負担を大きく減らすことにもなります。

デメリットは、遺族の考える葬式との違いが生じるケースがあることや、契約先の葬儀会社が倒産する可能性があるというリスクがあります。

また、注意したいのは、**菩提寺との関係で、菩提寺があれば必ず事前に承諾を得ておく**ようにします。

◁ 葬儀の生前契約の流れ ▷

予約する葬儀会社を決定

▼

葬式の内容を相談し、決定

▼

生前予約または生前契約を締結

▼

葬儀費用の支払い

▼

契約者の死亡時、
遺族が予約した葬儀会社に連絡

まとめ

1. 葬儀会社との生前予約の前に菩提寺に相談する

2. 葬儀会社との生前予約のメリット・デメリットを見極める

家族・友人・知人への感謝の言葉

日頃から感じていることなど、家族や友人・知人とのエピソードを交えて、自分の言葉で書くことが大事です。美辞麗句よりも、自分らしさを意識して、相手に伝わるように書くとよいでしょう。

家族へのメッセージ

友人・知人へのメッセージ

監修　山口里美（やまぐち　さとみ）

行政書士法人みらいリレーション代表社員、一般
社団法人日本リレーションサポート協会代表理
事、グランサクシードグループ代表、やまがた特
命観光・つや姫大使、全国司法書士女性会副会長。
1993 年司法書士資格を取得、1999 年行政書士
事務所開業。資格者法人の経営に取り組みながら、
「人と事業のリレーション」に特化した、シニアの
ための相談サロン「リレーションサロン」も運営。
講演活動は年間 70 回以上、相続などのテーマを中
心に著作は 13 冊。

● デザイン　　　松倉　浩・鈴木友佳
● イラスト　　　秋葉あきこ
● 編集協力　　　コンテンツ
● 企画編集　　　成美堂出版編集部

これで安心「もしも」に備える 整理ノート

監　修　山口里美
　　　　やまぐちさとみ

発行者　深見公子

発行所　成美堂出版
　　　　〒162-8445　東京都新宿区新小川町 1 - 7
　　　　電話(03)5206-8151 FAX(03)5206-8159

印　刷　大盛印刷株式会社

©SEIBIDO SHUPPAN 2021　PRINTED IN JAPAN
ISBN978-4-415-33024-2